LUMINESCENCE

Melissa Sauma

Translated from the Spanish by
Ariel Francisco

SPUYTEN DUYVIL
New York City

Acknowledgments

The Acentos Review: "Cyclical"
Armstrong Literary: "Twenty One," "I Am a Jungle," "Reminiscence"
Bridge Eight Press: "Instructions for Immersion"
Denver Quarterly: "Definitive," "Watching the Rain"
Big Other: "Old Portrait," "Augury of the Wind," "Today," "Interlude," "Here"

ISBN 978-1-963908-93-0

Library of Congress Control Number: 2025944580

CONTENTS

I

Nacer /   12

Birth /   13

Hacer de la Luz /   14

Make from Light /   15

Adentro, en la Casa /   16

Inside, at Home /   17

La Caja de los Sueños /   18

The Box of Dreams /   19

Introverso /   20

Introverted /   21

Retrato Anterior /   22

Old Portrait /   23

Cíclica /   24

Cyclical /   25

Augurio del Viento /   26

Augury of the Wind /   27

Hoy /   28

Today /   29

INTERLUDE

Interludio /   34

Interlude /   35

Aquí /   36

Here /   37

Viendo Llover /   38

Watching the Rain /   39

Definitiva /   40

Definitive /   41

Veintiuno /   42

Twenty-One /   43

Selva Soy /   44

I Am a Jungle /   45

Reminiscencia /   46

Reminiscence /   47

II

Animal Nocturno /   54

Nocturnal Animal /   55

Light Painting /   56

Light Painting /   57

Convergencias /   58

Convergences /   59

Instrucciones para la Inmersión /   60

Instructions for Immersion /   61

Ígnea /   62

Igneous /   63

Crepitar /   64

Crackling /   65

Coda /   66

Coda /   67

I

Si algo de lo que soy está en lo que escribo
escribo para vencer el miedo
el miedo a no encontrar nada nuevo en lo que he escrito.

If something of myself lives in my writing
I write to vanquish fear
the fear of finding nothing new in what I write.

NACER

Nacer es un acto de fe
muda semilla viajando hacia el alba
destello verde que eleva los brazos
pálidos pies horadando la tierra
húmedo brote presagio de árbol

nacer es un acto
silencioso
de fe.

BIRTH

Being born is an act of faith
silent sea soaring towards sunrise
flash of green with arms raised
pale feet piercing the earth
wet sprout, a tree's omen

being born is an act
of silent
faith.

HACER DE LA LUZ

Hoy llueve
el frío es una filigrana que tamiza mis huesos,
el viento del sur ocupa mis párpados
con nubes oscuras
y viejos augurios de nuevos finales.

A través de rejillas de metal
y de cristales sombreados por telarañas
miro la calle:
animales diurnos, azulejos, rostros
y un sonido hueco
de hojas secas y pies que se arrastran.

Pisan y pasan
como el viento
como la lluvia
                pasan.

Me pregunto
¿cuál es el instante,
el luminoso instante
en el que un poema nace?

Si pudiera guardar
un instante del olvido
sería precisamente
este instante.

MAKE FROM LIGHT

Today it rains
the cold is a filigree sieved into my bones,
the southern wind weaves into my eyelids
with dark clouds
and old omens of new ends.

Through metal grates
and crystals shadowed by spider webs
I look at the street:
daylight animals, azulejo tiles, faces
and the hollow sound
of dry leaves and dragging feet.

They come and go
like the wind
like the rain
                  they go.

I ask myself
in what instant
in what luminous instant
is a poem born?

If I could hide
an instant from oblivion
it would be this exact
instant.

ADENTRO, EN LA CASA

Cierro mi habitación
con doble vuelta de llave
cierro los ojos
cierro las manos en círculo
respiro profundamente

el silencio
no llega.

INSIDE, AT HOME

I shut the door
turn the lock twice
shut my eyes
clasp my hands
breathe deeply

silence
never comes.

LA CAJA DE SUEÑOS

Laberinto vertical
en el que caigo para levantarme sin descanso,
sucesión de habitaciones de paredes blancas,
desnudas paredes, sin puertas ni ventanas.

Y una puerta que se abre desde el techo
y una escalera improbable se me extiende,

                              entonces
                              el ascenso

Ascenso y caída y otra vez ascenso
incontables veces, incontables sueños
un encierro contenido dentro de otro encierro
una columna implacable, una espiral de silencio.

                              y el ascenso sin pausa
                              apenas el ascenso

cada vez con menos aire, cada vez con menos fuerzas
cada espacio más pequeño, cada puerta más estrecha

finalmente,
una puerta es la última puerta
y una escalera
            la última
                    escalera.

THE BOX OF DREAMS

Vertical labyrinth
I fall into, awaken tired,
a sequence of white-walled rooms,
bare rooms, no windows, no doors.

Then a door opens in the ceiling
and an impossible staircase reaches down to me,

                    and so
                    ascent

up and down and up again
countless times, countless dreams
a prison within a prison
an unending column, a spiraling silence.

                    And the endless ascension
                    the ascension barely begun

each time with less air, each time weaker
each space growing smaller, each door more narrow

until finally
one door becomes the final door
and one staircase
          the final
                    staircase.

INTROVERSO

A veces
me repliego sobre mi centro,
soy la curva en la espalda del caracol, el pulso
del gato que se ovilla, el lazo
que forma con su cuello el ave
que hunde en el plumaje
el pico.

A veces sueño historias
historias que he visto suceder ante mis ojos
historias que intuyo, que se anuncian
el gesto de una mujer que cruza una avenida
el perfume que habita el ascensor cuando me elevo
y miro la ciudad bajo mis pies
el sonido que desprenden
las alas de una polilla.

A veces hace frío y noche y la ciudad se deshabita
el silencio es de espuma y la humedad sobrevive
al temblor de las hojas.

A veces sueño historias
y a veces
las escribo.

INTROVERTED

Sometimes
I withdraw to my center, I am the curve
of the snail's shell, the pulse
of the winding cat, the noose
forming around your neck, the bird
drowning in its own feathers,
the beak.

Sometimes I dream histories
histories I see with my own eyes
histories I intuit, that announce themselves
the shape of a woman crossing the street
the perfume of the elevator as I rise
and look down at the city beneath my feet
the sound made
by the wings of a chick.

Sometimes it's cold and the night and the city are abandoned
the silence turns to foam and humidity survives
the trembling leaves.

Sometimes I dream histories
and sometimes
I write them down.

RETRATO ANTERIOR

Hubo un tiempo en que fui oscura.

Mis zapatos
siempre demasiado grandes
demasiado pesados
o demasiado pequeños
dejaban en la tierra una huella continua,
dos líneas paralelas sobre las cuales
toda lluvia era inútil,
todo viento era adverso.

En la espalda
aferrada a mi cuello
la muerte era una niña de ojos grandes
que a veces me observaba en el espejo.
Otras veces,
jugaba conmigo como quien juega a esconderse
mientras yo cubría mis ojos con la mano derecha.

Extenso fue el tiempo en el que tuve
que renunciar a ser.

El alma en un cubículo
el paladar áspero
la lengua estéril
la mirada volcada hacia un horizonte anterior
hacia un tiempo en que aún no era

ajena a mí
deshabitada
ausente.

OLD PORTRAIT

There was a time when I was dark.

My shoes
always too big
too heavy
or too small
marking the earth with one continuous footprint,
two parallel lines on which
all rain is useless,
all wind is hostile.

On my back
clinging to my neck
death as a wide eyed girl
who sometimes watches me in the mirror.
Other times,
we played hide and seek
my right hand covering my eyes.

For a long time I had
to give up being.

The soul is a cubicle
the rough palette
the sterile tongue
looking backwards towards an old horizon
towards a time before it was

foreign to me
empty
absent.

CICLICA

He sido tantas veces la misma
que hoy quiero ser otra
desvestirme de mí,
despojarme
de todos los adjetivos
que en mi nombre se alzaron,
vaciarme de todos los nombres
que sobre mí han caído,
los que me dijeron
y los que me dije.

Quiero olvidar
las palabras que escribí
las ciudades que amé
los rostros de las despedidas.
Alejarme despacio de esa casa
y caminar tanto, tanto
que ya no recuerde
la calle, el número, los árboles del patio.

Y es que he sido la misma tantas veces
que hoy quiero ser otra
o tantas otras como pueda ser.
Tantas veces que pueda
finalmente
ser la misma.

CYCLICAL

I've been myself so many times
today I want to be another
undress myself of myself,
divest
from all the descriptions
conjured by my name,
empty out all the names
that have fallen to me,
that others call me
and that I call myself.

I want to forget
the words I've written
the cities I've loved
the faces of the departed.
Slowly back away from that house
and walk and walk and walk
until I can't remember
the street, the address, the backyard trees.

It's just that I've been myself so many times
today I want to be another
or as many others as possible.
So many times
to finally
be the same.

AUGURIO DEL VIENTO

Pedí viento para mis alas
y el viento vino
como tormenta desatada en el fondo de los mares,
como un grito de montaña
que arrancó a dos manos mis pies de la tierra
y me elevó por los aires girando en círculos.

Ya no pido vientos ni tormentas

El viento es existencia continua

Pido firmeza
para aferrarme a la tierra
silencio
para escuchar el anuncio del viento
audacia
para saltar en el momento preciso
y el recuerdo de mis alas
para extenderlas
en el vacío.

AUGURY OF THE WIND

I asked for wind beneath my wings
and the wind answered
like a storm unleashed in the depths of the sea,
like a mountain's shout
pulling me off the earth with two hands
and lifting me through the twisting air.

I no longer ask for winds or storms

The wind is continued existence

I firmly ask
to be tethered to the earth
silently
to listen for the winds announcement
the audacity
to jump at just the right moment
and recall my wings
to stretch them out
in the vacuum.

HOY

Camino descalza y en mis huellas siembro el fuego.

He viajado tanto en busca de la luz
que finalmente he descubierto
que todo viaje es luz
y que hay en cada palabra un viaje nuevo.

He vuelto a habitarme.

Soy.

TODAY

I walk barefoot and seed fire in my footprints.

I've traveled far in search of that light
I've finally discovered
the entire quest is light
and in every word there's a new journey.

I've returned to life.

I am.

INTERLUDIO

INTERLUDE

De todas las que he sido
hoy elijo ser la que espera.

Of everyone I've been
today I choose to be the one that waits.

INTERLUDIO

Crecemos con cada mirada cada palabra cada abrazo
crecemos en la duda y en la desesperanza
en la algarabía y en la dicha también se crece
y en el miedo y en el horror y en el llanto.

Nos crecen los cabellos y las pestañas
en la noche mientras dormimos,
y al levantarnos y sabernos vivos
sin saber hemos crecido
un paso hacia la última parada.

Crecemos en soledad y en compañía
                    –y también,
                    y no es lo mismo–
crecemos solos y acompañados.

Crecemos en el encuentro y en la distancia
en el asombro y el espanto
en el trayecto y en la estancia
en la risa y el desamparo

y la nostalgia nos crece una sombra azul bajo los ojos
y a veces el amor, y a veces el olvido, nos crecen alas
y en este crecer sostenido decrecemos sin pausa
tal así que en cada alumbramiento morimos
y en cada duelo
            se nace.

INTERLUDE

We grow with every look and every word and every embrace
we grow in doubt and in despair
in nonsense and in joy we grow too
and in fear and in horror and in tears.

Our hair and eyelashes grow
in the night while we sleep
and when we wake up we know we're alive
without knowing we've grown
one step closer to the last stop.

We grow in solitude and in company
        —and also,
            it's not the same—
we grow alone and together.

We grow in greetings and at a distance
in astonishment and in terror
in motion and in stillness
in laughter and in abandonment

and nostalgia grows in blue shadows under our eyes
and sometimes love, and sometimes forgetting, makes us grow wings
and in this ongoing growth we're endlessly reduced
until we die in every birth
and in each grief
        we are born.

AQUI

Al despertar
el peso del cuerpo sobre el cuerpo
el golpe del corazón en una caja
el haz de luz que acaricia la curva del hombro
el resplandor de la sábana en el arco de la espalda
la respiración profunda.

Escenas imprecisas de sueños improbables
los ojos que se ajustan poco a poco
a una realidad dispuesta a enumerarse
una mesa una flor un libro una ventana
el techo las paredes los cuadros una lámpara

otra vez el cuerpo
el reconocimiento del cuerpo como parte de este caos
el pie la mano el cuello la cintura
la boca las orejas las rodillas los brazos
la sed
la certeza de lo nuevo
el presente develándose

y una vez más
lo único que importa es
este saberse este decirse este mirarse
esta conciencia
de estar aquí
y no saber
hasta cuándo.

HERE

Waking up
the weight of my body on my body
the pounding of my boxed heart
the ray of light caressing my shoulder
the deep breaths.

The inaccurate scenes of improbable dreams
eyes adjusting little by little
to a reality willing to list
the table the floor a book a window
the roof the walls the photos the lamp

again the body
the recognition of this body as a part of the chaos
the foot and hand the neck the waist
the mouth the ears the knees the arms
the thirst
the certainty of what's new
the present unveiling itself

and once more
the only thing that matters is
this knowing this telling this seeing
this consciousness
of being here
and not knowing
for how long.

VIENDO LLOVER

He sabido de la paciencia del agua
que talla gota a gota el cuenco en la piedra.

He esperado tantas horas
       –la cabeza apoyada en las rodillas
       el cuerpo hecho un recinto
       los ojos en silencio–
la palabra
       –basta una, a veces–
que revele la profundidad de lo vivido.

Y he sabido también de la paciencia de la piedra
que tantas veces presintió sobre su espalda el golpe de la gota.

Aún espero.

WATCHING THE RAIN

I've known the patience of water
that drop by drop carves a bowl in the stone

I've waited countless hours
      —head against my knees
      my body an enclosure
      eyes silent—
the word
      —one is sometimes enough—
that reveals the depth of what's lived.

And I've known, too, the patience of the rock
sensing so many times the strike of raindrops.

Still I wait.

DEFINITIVA

Entre mi amor y yo han de levantarse
trescientas noches como trescientas paredes
y el mar será una magia entre nosotros.
    –Jorge Luis Borges

Crecerán entre tú y yo las montañas
ancho y extenso el río de piedra
nos arrastrará en su cauce a orillas opuestas
naufragarán los barcos y los puentes.
Se elevará sobre nosotros y sobre esta ciudad
la selva
y sólo quedará en sus senderos
el eco entristecido del murmullo del viento.

Serás para mí la larga ausencia de una ausencia
seré para ti la espuma de un mar que se disuelve.

Cuánta ansia disfraza mi semblante
mi pálido mirarte indiferente
mi súplica de azar hecha silencio
la noche aprisionada entre mis vértebras.

Inmune como la niebla
será tu voz el canto de otros viajeros.

DEFINITIVE

Between my love and awakening
three hundred nights like three hundred walls
and the sea a magic between us.
— Jorge Louis Borges

Mountains grew between us
a wide expansive river of rock
dragging us through its bed to opposite shores
wrecking boats and bridges.
The forest
will rise over us and over the city
until the only thing left on the path is
the echo of the wind's sad murmur.

For me it'll be the long absence of absence
for you it'll be the foam of a dissolving sea.

How much anxiety disguises my being
my pale indifferent look
my plea for a chance turned to silence
the night imprisoned in my spine.

Immune like a fog
your voice will be the song of other travelers.

VEINTIUNO

Llegó a tiempo.

El cielo púrpura, el aire leve, el viento áspero.
Los verdes refractándose.

Pienso en la calle de San Francisco
con su cúpula gris y salmón
interrumpiendo un cielo en llamas.
Pienso en la casa
a la que le han crecido ramas entre los adobes
y raíces en el techo de madera blanda.

Pienso en una nueva peca en el dorso de la mano,
en el toborochi que amaneció hoy
cargado de presagios amarillos,
en el olor de la ropa que se guarda
en la parte más alta del armario,
en un beso seco

en tantas maneras que encuentra
para decirse
el otoño.

TWENTY-ONE

It arrived on time.

Purple sky, light air, rough wind
the refracting green.

I think of San Francisco Street
with its grey and salmon dome
interrupting an inflamed sky.
I think of the house
with branches growing through the walls
and roots in the white wooden roof.

I think of a new freckle on the back of my hand,
of the toborochi tree that awakened today,
weighted down by yellow omens,
of the smell of washed laundry
tucked into the highest drawer
in a dry kiss

in every possible way
to speak
of autumn.

SELVA SOY

Descalza,
con un pie en la tierra
y otro en el agua
caminé río abajo
sintiendo bajo mis pies
la arena húmeda
el agua fría
la piedra que el sol calentó,
la hierba tibia.

Peces de escamas fosforescentes
deslizándose entre mis tobillos.
Los árboles inclinando sus ramas
y sacudiendo bajo el suelo sus raíces.

La selva siguió su curso
el sol cerró sus ciclos.
Mi paso fue siempre el mismo,
un pie en el agua y otro en la orilla.

Y el abrazo de los árboles.
Y el milagro de las orquídeas.

I AM A JUNGLE

Barefoot,
with one foot in the dirt
and the other in the water
I walk downstream
feeling under my feet
the humid sand
the frigid water
the sun-warmed rock
the tepid grass.

Fish with phosphorescent scales
slide between my ankles.
Trees with their upturned branches
shake their roots below the earth.

The jungle follows its course
the sun closing its cycles.
My pace is always the same,
one foot in the water, the other on the shore.

And the embrace of the trees.
And the miracle of orchids.

REMINISCENCIA

Exploro antiguas aguas
busco el primer fuego.

La infancia,
esa casa poblada de fantasmas;
el patio de mi abuela,
la tierra, los árboles de los que estoy hecha.

La guayaba que se estrella contra un mosaico rojo a media tarde,
las tardes en que observé pasar la vida desde una vereda.

Y me engaño creyendo que mis manos se hicieron para narrar el mundo.

Escribo, es cierto,
hay tanto que quiero nombrar y que no puedo;
tanta vida escurriéndose en mis manos,
tanta sombra ondeando mis cabellos,
tantas palabras suspendidas en el aire
          —minúsculas partículas de polvo
          iluminadas por la luz de una ventana—
que debo sacudirme de ellas
como quien se sacude de la piel la última capa.

REMINISCENCE

I explore ancient waters
searching for the first fire.

Infancy,
that ghost-filled house;
my grandmother's backyard,
the dirt, the trees I'm made of.

The guava smashing against the red mosaic of midday,
afternoons in which I watch life pass by from the veranda.

I lie to myself thinking that my hands were made to narrate the world.

I write, certainly,
there are so many things I want to name and can't;
so much life scurrying through my hands,
so much shade weaving through my hair,
so many words suspended in the air
        —tiny dust particles
        lit by the window's light—
that I should rid myself of
like someone shaking off their last layer of skin.

Y miento
si digo que es la piedra, la montaña, el mar, el río,
los pájaros alzando vuelo, las esquinas de una casa,
el rostro de mi abuela, sus múltiples fantasmas
los que hoy
me piden ser contados.

Hay tanto que quiero nombrar y que no puedo.

Escribo, es cierto.
Del otro lado está la muerte
levitando.

And I lie
if I say it's the rock, the mountain, the sea, the river,
the birds flying above, the corners of a house,
my grandmother's face, her many ghosts
that today
ask to be counted.

There are so many things I want to name and can't.

I write, certainly.
On the other side is death
floating.

II

Para vencer la muerte
y tener la última palabra.

Para eso escribo.

To overcome death
and have the last word

this is why I write.

ANIMAL NOCTURNO

No temo a las ausencias
al silencio
ni a la noche.
Temo a la luz perpendicular
que disimula mi sombra,
al golpe de luz en el espejo
que oculta mis cicatrices,
al farol amarillento
que parpadea y encandila.

Puede la oscuridad repentina
arrebatarnos un momento
el contorno de las cosas.

La exposición prolongada a la luz
nos quema
para siempre
las pupilas.

NOCTURNAL ANIMAL

I do not fear absences
silence
or the night.
I fear the perpendicular light
that cloaks my shadow,
the light that strikes the mirror
and conceals my scars,
the yellowed lamp
blinking and dazzling.

The sudden darkness can
snatch from us in a single moment
the outline of the world.

The long winded speech of light
burns
forever
our eyes.

LIGHT PAINTING

Es jueves
la Plaza
medianoche
y el silencio
o la subversión de los faroles.

Nosotros jugamos
incendiamos el aire
dibujamos en un lienzo oscuro
figuras imperfectas
quizás sueños.

Sabemos
que nada existe en realidad
más que la luz
que todo cuanto conocemos
es lo que su ausencia oculta
o su presencia
            manifiesta.

LIGHT PAINTING

It's Thursday
the plaza
midnight
and the silence
or the subversion of the lamps.

We play
igniting the air
drawing on a dark canvas
imperfect figures
maybe dreams.

We know
nothing really exists
except light
that everything we recognize
is obscured by absence
or your presence
            manifested.

CONVERGENCIAS

Extenso
el ciclo de la roca
el viaje de la luz en un destello
para que puedan coincidir
en un vértice
el sol
y la piedra.

Extenso el trayecto
el amanecer fugaz del parpadeo
el vuelo de una palabra desde el fuego
hasta la mirada luminosa
del que espera.

CONVERGENCES

Extensive
the rocks cycle
the journey of light in a flash
to coincide
at a vertex
the sun
and the rock.

Extensive, the journey
the fleeting dawn blinking
a words flight from the fire
to the luminous look
of someone waiting.

INSTRUCCIONES PARA LA INMERSIÓN

El procedimiento es sencillo.

Deberá usted internarse en la noche
como quien se interna en la selva
desnudo,
como un niño
que busca caminar
la solidez última del agua,
el fondo del aljibe.

De allí
si la suerte le es propicia
y persevera
si avanza sobre sus pasos
hasta el abismo
y no desiste,
surgirá usted como un ser nuevo
despojado de sí mismo
un ser que ha sido muchas veces visitado
cercano y a la vez desconocido.

En su centro
vibrará una música escondida
y de sus manos
—aún frágil y diminuto—
alzará vuelo
un canto prístino.

INSTRUCTIONS FOR IMMERSION

The process is simple.

You should bury yourself in the night
like someone entering the jungle
naked,
like a child
trying to walk
the last solidity of water,
the lakes depths.

From there
if luck is on your side
and perseveres
and walks in your footprints
until the abyss
and doesn't stop,
you'll emerge as a new self
stripped of yourself
a self that's been visited many times
close and unknown.

It's a center
vibrating with hidden music
and from your hands
—small and fragile—
a pristine song
will take flight.

ÍGNEA

Forjar la palabra
allí donde se forja
todo aquello que un día fuera nuevo
en el centro mismo de la tierra
el corazón dormido de la piedra
el fuego líquido dentro de los huesos.

Lavarla como piedra en el río
dejar que el agua escurra por su rostro
que caigan una a una las verdades
que olvide lo que un día le dijimos que era.

Y en el viento
ya liviana, ya nueva
como una hoja del otoño
como la chispa de una hoguera
dejar que retorne
nuevamente
a la tierra.

IGNEOUS

Forge the word
there where they forge
everything that will one day be new
in the same center of the earth,
this rocks sleeping heart,
the liquid fire in its bones.

Wash it like a stone in the river,
let the water wash over its face,
so the truths can fall one by one,
to forget what we'll one day say it is.

And in the wind
already light, already new
like an autumn leaf,
like a bonfires spark
will stop coming back
anew
to the earth.

CREPITAR

Soy yo
a quien ahora escuchas en silencio
soy el pulso de la vida
la vida
el fuego.

Quien que te espera a lo largo del camino
también un camino si decides recorrerme
el principio y el final de los tiempos,
origen y destino.

Soplo eterno de luz
que navega entre tus manos
y pretendes capturar cuando las cierras
      –vano intento
       siempre egoísta
       de conservar lo efímero.

Soy tu propia luz
el fuego primitivo
la expansión de la materia
danza
de dos astros que se encuentran
una lluvia celeste
el color de la piel y de la tierra
el calor que trasforma
y purifica
un bosque que se incendia

una hoguera
y su ceniza.

CRACKLING

I am
who you hear in the silence
I am the pulse of life
life
the fire.

Who awaits you on the long path
that is also a path if you decide to travel
the beginning and end of time,
origin and destiny.

An eternally blowing light
navigating your hands
and you pretend to catch it when you close them
     —a vain intent
     always an egotist
     to preserve the ephemeral.

I'm your light
the primitive fire
the expansion of material
the dance
of two stars finding themselves
in a celestial rain
the color of flesh and earth
the heat that transforms
and purifies
a burning forest

a bonfire
and your ashes.

CODA

Morir gozosamente
morir cada día
renunciando a ser
la muerte que ayer fuimos.

CODA

To die joyfully
to die every day
renounce being
yesterday's death.

MELISSA SAUMA is a Bolivian poet and an economist by profession with an MBA in Business Management as well as a degree in creative writing from Universidad Privada de Santa Cruz de la Sierra. Her first book, *Luminiscencia*, won the 8th Premio Nacional Escritores Noveles from the Cámara Departamental del Libro de Santa Cruz, Bolivia. Her second collection, *Maneras de Parar el Mundo* was just published.

ARIEL FRANCISCO is the author and translator of thirteen poetry collections, most recently *All the Places We Love Have Been Left in Ruins* (Burrow Press, 2024). His work has been published in *The New Yorker, American Poetry Review, Academy of American Poets, POETRY Magazine,* and elsewhere. He teaches in the MFA program at Louisiana State University.